Franz Specht

Schöne Augen

Carsten Tsara ist verliebt

Max Hueber Verlag

Aufgaben zum Text: Thomas Stark, Maitenbeth
Fotos: Franz Specht, Weßling
Zeichnungen: Gisela Specht, Weßling

 Dieses Werk folgt der seit dem 1. August 1998 gültigen
Rechtschreibreform.

€   3.   2.   1.   Die letzten Ziffern bezeichnen
2006   05   04   03   02   Zahl und Jahr des Druckes.
Alle Drucke dieser Auflage können, da unverändert,
nebeneinander benutzt werden.
1. Auflage
© 2002 Max Hueber Verlag, D-85737 Ismaning
Titelfoto oben: Gerd Pfeiffer, München
         unten: Mauritius Royalty Free, Mittenwald
Layout, Satz und Herstellung: Kerstin Rieger, Dachau
Druck und Bindung: J. P. Himmer GmbH & Co. KG, Augsburg
Printed in Germany
ISBN 3-19-001666-6

1

Sandelholz.
Er mag den Geruch. Ganz langsam macht er seine Augen
auf. Er weiß noch nicht genau, wo er ist. Ein rot, grün
und violett geblümter Vorhang bewegt sich sanft vor
einem geöffneten Fenster. Draußen ist es schon ziemlich   5
hell. Die Vögel singen laut. Es sind noch nicht sehr viele
Autos unterwegs. Carsten Tsara schätzt, dass es kurz
nach fünf Uhr ist. Er liegt in einem Bett neben einer
schlafenden Frau. Ihre Atemzüge sind langsam, ruhig
und gleichmäßig. Wer ist sie? Wie kommt er hierher?   10
Kino.
Langsam erinnert er sich. Sie saßen nebeneinander im
Kino. Hat er sich neben sie gesetzt? Nein. Sie kam erst,
als der Film schon lief. Er war frustriert, sie war frustriert. Der Film war lustig. Ihr Lachen war süß. Das hat   15

3

er ihr gesagt. Ein gemeinsamer Kaffee in einer Bar. Ein langer Spaziergang, auf dem sie viel geredet haben. Dann sind sie zu ihr gegangen, weil sie beide nicht allein sein wollten.

5 Ursula.

Sie ist Zahnarzthelferin und lebt schon seit Jahren in einer Wohngemeinschaft mit zwei Männern zusammen. Sie hat einen Freund, der woanders wohnt und immer eifersüchtig ist. Sie will sich von ihm trennen, weil sie
10 die vielen Streitereien und sein dauerndes Misstrauen nicht mehr aushält.

Carsten Tsara bemerkt, dass er angezogen ist. Nur seine Jacke und seine Schuhe liegen neben dem Bett auf dem schönen, hellen Holzfußboden. Der Raum ist groß und
15 hoch. An der Wand hängt ein Ölgemälde. Es zeigt einen Küchentisch mit blauweiß karierter Tischdecke, darauf ein Glas, ein Löffel, ein Salzstreuer und sieben Zitronen in einer weißen Porzellanschale. Ein gutes Bild. Er freut sich, dass dieses Bild in ihrem Zimmer hängt.

20 Sie seufzt und dreht sich um, ohne aufzuwachen. Ihr Gesicht sieht anders aus, als er es in Erinnerung hat. Was geschieht, wenn sie jetzt die Augen öffnet? Ist er verliebt? Er weiß es nicht. Er steht vorsichtig auf. Auf einem Tisch findet er Bleistift und Papier. Er schreibt seine
25 Handynummer auf, nimmt seine Schuhe und die Jacke und verlässt leise das Zimmer.

Vom Flur gehen mehrere Türen ab. Zwei stehen offen. Hinter der einen ist ein winziges Badezimmer, und die andere führt in eine große Küche, in der eine altmodi-
30 sche Pendeluhr tickt. Irgendwoher tönt gleichmäßiges, lautes Schnarchen. Er zögert. Soll er umkehren? Soll er einfach ausprobieren, was geschieht, wenn sie aufwacht?

4

Nein.

Er braucht Zeit um nachzudenken. Er muss gehen. Er öffnet die Wohnungstür. Dahinter sitzt ein großer, blonder Mann vor einem Computermonitor. Er ist schlank, einige Jahre jünger als Tsara und hat nur Unterwäsche an. 5

„Hey, die Eingangstür ist hinter dir!", brummt der Blonde ärgerlich, ohne vom Bildschirm hochzusehen. „Du musst dich nur umdrehen!"

„Entschuldigung!", murmelt Carsten Tsara verlegen. „Ich 10 wollte nicht ... äh ... das passiert mir immer, wenn ich zum ersten Mal in einer anderen Wohnung bin."

Verwirrt verlässt er das Haus. Wo steht sein Auto? Er weiß es nicht mehr und geht einfach los. Irgendwo in der Nähe muss es ja sein. Nach einer halben Stunde findet er 15 es neben dem Kino auf dem Bürgersteig. Ach, richtig, er hatte ja keinen Parkplatz gefunden.

Hinter dem Scheibenwischer klemmt ein Strafzettel. Tsara flucht. Müssen Politessen so früh aufstehen? Können sie nicht bis acht Uhr schlafen, gemütlich früh- 20 stücken und erst am späten Vormittag zum Dienst erscheinen? Nein! Politessen sind immer pünktlich! Aber wehe, du brauchst mal Hilfe! Dann ist bestimmt keine Polizei in der Nähe!

Hey! Was ist eigentlich mit diesem Mercedes? Der steht 25 doch auch mitten auf dem Gehweg! Warum hat der keinen Strafzettel? Carsten Tsara blickt sich um. Schnell nimmt er den Schein von seiner Windschutzscheibe und steckt ihn unter den Scheibenwischer des anderen Autos. Auf dem Schein steht zwar Tsaras Autonummer. Aber 30 vielleicht merkt es der Mercedesbesitzer nicht und bezahlt einfach. Wer so ein dickes Auto fährt, hat bestimmt Geld wie Heu.

„Na, das gibt's ja wohl nicht!", ruft Verena Müller und blickt auf ihre Uhr. „Montagmorgen, noch nicht mal zwanzig vor acht, und Carsten Tsara kommt schon ins Büro. Das ist das Ende der Welt!"

5 „Falsch!", lächelt Tsara. „Das ist der Anfang des Frühstücks! Natürlich nur, falls Sie Croissants mögen." Er legt eine volle Papiertüte auf den Schreibtisch seiner Chefin. Verena Müller schnuppert an seiner Jacke.
„Aha! Noch mehr Neuigkeiten!", sagt sie und grinst.

10 „Wieso?", fragt Carsten Tsara mit seiner unschuldigsten Stimme.
„Sandelholz!"
Verena Müller! 41 Jahre alt, etwas mollig, feuerrote Haare. Mit 20 wollte sie Geigenbauerin werden. Da kam ihr

15 Lieblingsonkel und bat sie, sein Detektivbüro zu übernehmen. Sie machte es. Es war die beste Entscheidung ihres Lebens.
Während Carsten Tsara Kaffee eingießt, muss er lachen.
„Stellen Sie sich mal vor, Sie wären als Geigenbauerin

20 genauso gut geworden wie als Detektivin!"

„Wäre ich aber nicht!", brummt Verena Müller und beißt
in ein Croissant. „Aber lassen wir das jetzt. Es ist schön,
dass Sie schon hier sind. Ich muss mit Ihnen über den
Fall Köberlein reden. Die Frau macht mich noch ver-
rückt. Jeden Tag ruft sie zweimal an und fragt, ob wir   5
etwas herausbekommen haben. Haben Sie denn was?"
Carsten Tsara stöhnt.
„Die Frau ist krankhaft eifersüchtig! Sie braucht einen
Psychotherapeuten, keinen Detektiv. Ich beobachte ihren
Mann seit zwei Wochen von Montag bis Freitag!"   10
„Und?"
„Nichts! Er kommt um neun in die Firma, drittes Büro
von links im Parterre. Er arbeitet neun Stunden ohne
Unterbrechung und geht abends um sechs wieder heim!
Glauben Sie mir: Das ist kein Fall, das ist sinnlose   15
Strafarbeit!"
„Gut bezahlte Strafarbeit!" Verena Müller zieht einen
Scheck aus einem Briefumschlag. „Sie will, dass wir ihn
eine weitere Woche beobachten."
Carsten Tsara hat plötzlich keinen Appetit mehr. Er legt   20
sein Croissant auf den Schreibtisch und faltet bittend die
Hände.
„Diese Art von Arbeit ist nichts für mich. Sie haben noch
sieben andere Mitarbeiter. Warum kann nicht jemand
anders ...?"   25
„Was haben Sie denn, mein Lieber?", unterbricht ihn
Verena Müller. „Der Job ist doch momentan ideal für
Sie!"
„Wie bitte?"
„Na ja: Während der Bürozeit beschatten Sie Herrn   30
Köberlein, und danach können Sie sich in aller Ruhe um
Ihr Sandelholz kümmern!"

„Okay! Eine Woche noch", brummt Tsara. Er sitzt am
Steuer eines VW-Transporters, den die Detektei Müller
für geheime Beobachtungen benutzt.

„Toll, toll, toll! 25 Jahre voll! TOPSTAR feiert sein Jubiläum mit 1000 Supersonderangeboten! Preise wie vor 25
Jahren! Kommen auch Sie und feiern Sie mit!" Wütend
schaltet Tsara das Autoradio aus.

„Kommen! Feiern! Soll das ein Witz sein?" Wenn es
nach Verena Müller ginge, würde er diesen langweiligen
Herrn Köberlein 25 Jahre lang beschatten. Und der würde 25 Jahre lang ins Büro gehen, Akten sortieren und
keine einzige Frau auch nur frech ansehen.

„Eine Woche noch! Dann ist Schluss!" Der morgendliche
Stau ist kilometerlang. Radfahrer flitzen links und rechts
an den Autos vorbei. Sogar die langsamsten Fußgänger
kommen schneller voran als die Blechlawine. Tsara
trommelt mit den Fingern auf dem Lenkrad herum.

„Danach kündige ich! Genau! Das mache ich!"

Er weiß, dass er nur Quatsch redet. Er macht seine Arbeit
viel zu gerne. Außerdem versteht er sich so gut mit seiner Chefin. Er und einfach kündigen? Niemals! Diese
Erkenntnis macht ihn noch wütender.

„Fahrt endlich weiter, ihr Schlafmützen!", schreit er und
hupt. Die anderen Autofahrer hupen zurück. Es ist ein
Hupkonzert, das nach Frust und hilfloser Wut klingt.
Die Fußgänger lachen und schütteln die Köpfe. Carsten
Tsaras Handy piepst.

„Ja? Tsara?"

Peng!

Der Stau ist weg, die Fußgänger sind weg, die roten Am-
peln sind weg. Nur ihre Stimme ist da. Er erkennt sie

sofort, obwohl sie nichts sagt, sondern nur weint.
„Was ist denn?", ruft er. „Was hast du denn? Komm, sag
doch was!"

„Ich brauche deine Hilfe", schluchzt sie.
In Carsten Tsaras Kopf rasen die Gedanken. Was ist denn 5
los? Was hat sie? Und sein Job? Und Anna Köberlein?
Ach was, diese eifersüchtige Ziege kann mich mal! Die
Gegenfahrbahn ist frei. Er schlägt das Lenkrad hart ein,
drückt aufs Gas und wendet mit quietschenden Reifen.
„In zehn Minuten bin ich bei dir!" 10

Sie weint nicht mehr. Aber sie zittert ein wenig, und ihre Augen sind unruhig. Sie sitzt auf dem Sofa unter dem schönen Stillleben mit den Zitronen und hat ihre Beine an den Körper gezogen. Carsten Tsara weiß nicht, wie er
5 sich verhalten soll. Soll er sich neben sie setzen? Soll er sie in den Arm nehmen? Welches Verhältnis haben sie eigentlich zueinander?

Er setzt sich ihr gegenüber auf einen Stuhl.

„Was ist los?"
10 Sie sieht ihm in die Augen. Eine Träne läuft an ihrer Nase entlang. Ist sie enttäuscht?

„Herbert ist gerade dabei, eine Dummheit zu machen!"

Herbert? Wer ist Herbert? Einer der beiden Mitbewohner in Ursulas Wohngemeinschaft? Der Blonde? Oder der
15 Schnarcher? Oder vielleicht Ursulas Freund? Der, wegen dem sie gestern frustriert ins Kino ging? Himmel noch mal! Ein guter Detektiv muss sich so was doch merken! Ein guter Detektiv darf nicht nur verliebt in schöne Augen gucken!

„Eine Dummheit?"

„Ich weiß nicht, was es ist. Aber bestimmt was Kriminelles."

„Wie kommst du darauf?"

„Er hat so hohe Schulden!" Sie beginnt wieder zu weinen. „Ich kann doch nicht zur Polizei gehen und ihn anzeigen, oder?"

„Moment! Moment!", sagt Carsten Tsara. „Ich verstehe überhaupt nichts! Wenn ich dir helfen soll, musst du mir schon die ganze Geschichte erzählen."

„Minderwertigkeitskomplexe!" Die Stimme kommt Carsten Tsara bekannt vor. In der Tür steht der blonde junge Typ, den er am Morgen vor dem Computer sitzen sah.

„Hey, Eddi!", ruft Ursula überrascht. „Wieso bist du nicht in der Uni?"

„Mein Seminar fällt aus. Wunderbar, denke ich. Da kann ich endlich an meiner Diplomarbeit weiterschreiben. Aber es klappt nicht, weil ich seit dem Morgengrauen alle paar Minuten durch was anderes gestört werde!"

Carsten Tsara achtet nicht auf Eddis vorwurfsvollen Blick.

„Minderwertigkeitskomplexe?", fragt er.

„Tja, Herbert ist der geborene Verlierer ..."

„Stimmt nicht!", protestiert Ursula.

„Sie will es nicht einsehen! Sie sucht sich immer solche Typen aus. Männer, denen sie zeigen kann, wo's langgeht."

Oh! Vielen Dank für das Kompliment!, denkt Carsten Tsara. Dieser Eddi hat keine Probleme, anderen Leuten seine Meinung zu sagen. Trotzdem findet er ihn irgendwie sympathisch. Ursula ist empört.

„Herbert ist kein Verlierer!", ruft sie. „Nein, er ist nur ... sensibel."

11

„Sensibel? Stinkfaul ist er! Wenn er überhaupt arbeitet, dann jede Woche was anderes: Postbote, Friedhofsgärtner, Hilfsarbeiter in 'ner Chemiefirma oder in 'nem Copyshop."

5 „Na und? Er ist eben vielseitig!"

„Vielseitig? Du meinst die vielen verschiedenen Gründe, warum er seine Stelle sofort wieder verliert? Entweder klaut er was, oder er prügelt sich mit Kollegen, oder er kommt jeden Tag zu spät ..."

10 „Hör auf! Hör endlich auf!"

„Du willst einfach nicht kapieren, dass er dich nur ausnutzt!"

„Ich will nicht, dass er ins Gefängnis kommt!" Ursula beginnt zu schluchzen.

5

15 „Ins Gefängnis? Wer kommt ins Gefängnis?" Ein dunkelhaariger, molliger Mann steht plötzlich neben Eddi und guckt aufgeregt in die Runde.

Wo kommt denn der auf einmal her?, denkt Carsten Tsara. Dann erinnert er sich an den Morgen, an das

20 Schnarchen aus dem dritten Zimmer. Aha! Das ist also der ... äh ... wie heißt er gleich noch mal? Oh, dieses Geheule! Müssen Frauen so hysterisch sein?

„Hey, beruhige dich doch bitte!", sagt Carsten Tsara.

„Wer ist das?", fragt der Dunkelhaarige.

25 Eddi zuckt mit den Schultern.

„Keine Ahnung, Heinzi. Ich weiß nur, dass er Frühaufsteher ist."

„Er heißt Carsten und ist Privatdetektiv, klar?", schluchzt Ursula und schnäuzt sich.

„Ich verstehe immer noch nicht, wie du auf die Idee kommst, dass Herbert ausgerechnet heute ..."

Ursula lässt Carsten Tsara nicht ausreden. 5

„Er hat was Idiotisches vor. Und er tut es heute. Ich weiß es. Er hat es ja selbst gesagt."

„Du hast heute schon mit ihm gesprochen?"

„Ja, heute Morgen. Er kommt hier an und merkt sofort, dass was anders ist als sonst. Ich sag ihm, dass ich ihn 10 für 'ne Weile nicht sehen will. Warum?, fragt er, und ich sag: Damit mir endlich klar wird, ob ich weiter mit dir zusammen sein möchte."

‚Weiter mit ihm zusammen?', denkt Carsten Tsara. Gestern Abend hieß es noch: Ich trenne mich von ihm! 15

„Ich denke natürlich, jetzt dreht er durch, eifersüchtig wie er ist. Aber was macht er? Stellt euch vor: Er lächelt bloß!

‚Gib mir noch einen Tag!', sagt er. ‚Nur noch einen Tag, und alle Probleme sind gelöst. Morgen früh kannst du 20 dich entscheiden.'"

„Das heißt noch lange nicht, dass er ein Verbrechen vorhat", meint Carsten Tsara. „Wie hoch sind denn seine Schulden?"

„Wahnsinnig hoch. 100.000 Euro? Was weiß ich? Auf 25 jeden Fall viel mehr als er bis morgen früh verdienen kann."

„Oh, da fällt mir was ein", sagt der dunkelhaarige Dicke. „Vor ein paar Wochen hat er mal so einen seltsamen Satz gesagt: 30

‚Ein paar Minuten Angst und danach nie mehr Probleme!' oder so ähnlich."

„Ich krieg die Krise! Das erzählst du mir erst heute, Heinz?" Ursula schüttelt erregt den Kopf.

Carsten Tsara begreift mit einem Schlag, dass sie mit ihrer Angst Recht hat. Er blickt die drei WG-Bewohner an und spürt, dass sie genau das Gleiche denken wie er. Er wirft einen Blick auf seine Armbanduhr. Es ist kurz vor halb elf. Seit eineinhalb Stunden sollte er vor dem Bürogebäude im Arabellapark stehen und Herrn Köberlein beobachten.

„Okay. Jetzt müssen wir wie ein gutes Team zusammenarbeiten! Sag mal, kannst du einen Kleintransporter fahren, Eddi?" Der Blonde nickt. Carsten Tsara schreibt eine Adresse auf ein Blatt Papier:

‚Bürohochhaus am Arabellapark 7, Erdgeschoss, drittes Büro von links. Köberlein, schlank, um die 40, Halbglatze, Schnurrbart, dunkler Anzug.' Er gibt Eddi den Zettel und die Autoschlüssel.

„Tu mir einen Gefallen! Fahr zu dieser Adresse. Vor dem Bürohaus ist ein Parkplatz. Dort stellst du das Überwachungsmobil ab. Die Scheiben sind verspiegelt. Du kannst raussehen, aber niemand kann reinsehen. Im Wagen ist ein Laptop. Nimm eine Diskette mit und schreib in aller Ruhe deine Diplomarbeit weiter. Es genügt, wenn du jede Viertelstunde mal nachsiehst, was der Typ in dem Büro macht."

„Stark! Ist da richtig Spionagetechnik drin in dem Wagen?"

„Ja. Aber das Zeug ist kompliziert. Lass die Finger davon! Nimm lieber das Fernglas!"

„Alles klar!", ruft Eddi und eilt zur Tür hinaus.

„Hat Herbert ein Handy?", fragt Carsten Tsara.

Ursula schüttelt den Kopf.

„Schon lange nicht mehr. Er zahlt ja keine Rechnungen."

„Hm, aber du hast einen Schlüssel zu seiner Wohnung, oder?" Sie nickt.

„Okay. Wir zwei fahren hin. Vielleicht finden wir irgend- 5 einen Hinweis darauf, was er vorhat."

„Und ich?", protestiert Heinz und schiebt beleidigt seine Brille hoch. „Was ist mit mir? Soll ich in der Nase bohren oder was?"

„Du bleibst hier. Du bist unsere Telefonzentrale. Viel- 10 leicht ruft Herbert an. Dann musst du versuchen, ihn aufzuhalten oder wenigstens herauszubekommen, wo er ist, klar? Hier hast du meine Handynummer."

6

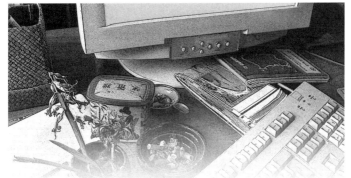

Das reine Chaos. Genauso hat sich Carsten Tsara die Wohnung vorgestellt. Leere Flaschen, volle Aschen- 15 becher, Schmutzwäsche, ein vertrockneter Blumenstrauß in einer Vase voll stinkendem Wasser.

Die gleiche Unordnung auf dem Schreibtisch: Papier-
fetzen, Disketten, Stifte, aufgeschlagene Bücher und ein
völlig verstaubter Computer. An der Wand, mit einer
Stecknadel befestigt, ein stark vergrößertes Foto: Herbert
und Ursula lachend Arm in Arm, dahinter das Meer und
ein langer, weißer Sandstrand.

„Tunesien", seufzt Ursula.

„Aha!"

So sieht er also aus. Ein großer, schlanker Mann mit
schmalem Gesicht und lockigen schwarzen Haaren. Ein
bisschen wie ein Hippie. Nicht unsympathisch. Leider.

„Los! Machen wir weiter", sagt der Detektiv und schaltet
den Computer ein. „Hast du was Brauchbares?"

Ursula schüttelt den Kopf.

„Nichts Neues! Alles genau wie immer."

Alles wie immer! Während der Computer startet, wühlt
Carsten Tsara in den Briefen, die auf dem Schreibtisch
liegen. Eine Mahnung, noch eine Mahnung, drei Rechnungen, ein Brief von der Bank („... wegen des Konto-
stands bitten wir Sie, umgehend mit unserem Kunden-
berater Kontakt aufzunehmen"), ein Brief vom Vermieter
(„... wenn Sie bis Ende dieses Monats Ihre Rückstände
nicht bezahlen, sind wir gezwungen, den Mietvertrag zu
kündigen"). Alles wie immer, was?

Auf Herberts Festplatte herrscht die gleiche Unordnung
wie in seiner Wohnung. Es dauert eine ganze Weile, bis
der Detektiv begreift, wo er suchen muss. Er stöhnt.
Dabei kommt die mühsamste Arbeit erst noch: Jede
Datei muss einzeln geöffnet und durchgesehen werden.
Belanglose Briefe, schlechte Gedichte, langweilige Fotos,
ein Tagebuch mit einer einzigen Eintragung: „12. De-
zember: Heute beginne ich, ein Tagebuch zu schreiben."
Punkt. Ende. Kein weiteres Wort.

Es ist fast 14 Uhr, als Tsara die letzte Datei öffnet. Ursula steht hinter ihm, blickt über seine Schulter und bemerkt nicht, dass sie ihn dabei sanft berührt. Er riecht ihr Sandelholz-Parfüm und möchte Herbert am liebsten vergessen. Er hat große Lust, sich einfach umzudrehen, sie zu umarmen und zu küssen.

Die Datei ist leer.

„Das gibt's doch nicht!", jammert sie und boxt vor Enttäuschung mit ihren Fäusten in Tsaras Rücken. „Das gibt's einfach nicht!"

„Hey! Reg dich nicht auf! Wir haben noch eine Chance", sagt Tsara und ruft ein Hilfsprogramm auf. „Falls er vor kurzem Dateien gelöscht hat, können wir sie vielleicht wiederherstellen."

Aber auch Hilfsprogramme brauchen Zeit.

‚Festplatte zu 10 Prozent überprüft ... 11 Prozent, 12 Prozent, ...'

Die Minuten verrinnen quälend langsam. Endlich kommt das Signal:

‚Der Suchvorgang ist abgeschlossen. 1261 Dateien können wiederhergestellt werden.' Ursula lässt sich in einen Sessel fallen.

„Es ist sinnlos", murmelt sie. „Mehr als tausend Dateien! Sinnlos! Das schaffen wir nie, oder?"

Carsten Tsara gibt keine Antwort. Er bemerkt nicht einmal mehr, dass Ursula im Zimmer ist. Ein Schalter in seinem Kopf ist umgeklickt, wie so oft, wenn ihm eine Situation hoffnungslos erscheint und er spürt, dass sein Verstand nichts mehr erreichen kann. Er weiß nicht genau, was in solchen Augenblicken mit ihm geschieht. Aber er hat einen Namen für das Gefühl. Er nennt es den ‚Schlangenblick'.

Sein Hirn ist leer. Die Liste mit den Dateien rollt durch

sein Blickfeld. Sie enthält viele Buchstaben und Zahlen, aber er sieht nur schwarz-weiße Balken, die von unten aus dem Nichts kommen und nach oben ins Nichts verschwinden. Er sitzt da wie eine Schlange, die auf ein

5 Opfer wartet.

STOP!

‚tues.doc‘. Das ist es, oder? Carsten Tsara befiehlt dem Dienstprogramm, die Datei wiederherzustellen, und öffnet sie.

Sie haben die Wahl: +++ 500.000 EURO oder **GIFTIGE** Schokoriegel +++ Nur große Scheine in einer **KNALLROTEN** Plastiktüte +++ Nur **EIN** Überbringer! +++ Keine Tricks +++ **KEINE POLIZEI** +++ Sonst passiert etwas Schlimmes +++ Halten Sie das Geld bereit +++ Genaue Anweisungen folgen +++

---

10 „Giftige Schokoriegel? Was soll denn das?“ Ursula sieht den Detektiv an und schüttelt den Kopf. „Was macht er da bloß?“ Ihre Stimme klingt leise, müde, fremd.

„Eine Erpressung!“, schimpft Carsten Tsara. „Das Allerdümmste, was man tun kann. Die Aufklärungsquote der

15 Polizei liegt bei knapp 100 Prozent. Bei der Geldübergabe schnappen sie fast jeden.“

„Die Geldübergabe? Wo ist die denn?“, fragt Ursula. Carsten Tsara runzelt die Stirn. Was ist mit ihr los? Versteht sie den Text nicht?

20 „Genaue Anweisungen folgen“, liest er laut vor. „Das heißt wahrscheinlich, dass er anruft und den Leuten sagt, wo sie das Geld hinbringen sollen.“

18

„Und wir wissen es nicht ..."

„Exakt! Wir wissen nicht, wen er erpresst. Wir wissen auch nicht, wann und wo die Geldübergabe stattfinden soll. Wir wissen so gut wie überhaupt nichts."

Und irgendwie – denkt er weiter – geschieht es diesem Idioten recht. Soll er doch für ein paar Jahre in den Knast gehen!

„Aber du kannst ihn finden, Carsten! Das weiß ich."

Ihre schönen großen Augen sehen ihn an. Sie sind so voll Hoffnung und Vertrauen, dass er sich für seine Gedanken schämt.

7

Die Zentrale der Kriminalpolizei befindet sich in der Ettstraße. Das ist mitten in München, ganz in der Nähe der Frauenkirche. Carsten Tsara mag das große und düstere Polizeigebäude nicht. Aber jetzt muss er hin, um einen alten Freund zu besuchen, der dort arbeitet.

Das Opfer von Herberts Erpressung – wahrscheinlich ein Lebensmittelhersteller oder eine Supermarktkette – hat sich bestimmt an die Polizei gewandt. Kommissar Andreas Gastl ist für Erpressung und schweren Betrug zuständig. Wenn er von dem Fall nichts weiß, kann Carsten Tsara nichts mehr für Herbert tun.

Der Detektiv steigt die Treppe zur vierten Etage hinauf. Zwei uniformierte Polizisten kommen ihm entgegen. Sie führen einen jungen Mann in Handschellen ab. Carsten Tsaras Schritte werden langsamer.

Aber ... wie soll er das überhaupt machen?

Sicher, Andreas hat ihm schon öfter geholfen. Von ihm
kriegt er manchmal Informationen, an die man als
normaler Bürger nicht so leicht herankommt. Aber in
diesem Fall liegt die Sache anders. Er kann doch nicht in
5   das Büro reingehen und fragen:
„Hallo Andi, lange nicht gesehen! Wie geht's denn so?
Alles klar? Übrigens: Wann und wo ist eigentlich die
Geldübergabe in diesem Erpressungsfall mit den vergifteten Schokoriegeln?"
10 Nachdenklich biegt er um die Ecke. Vierte Etage. Da vor-
ne ist schon die Tür zu Andreas Gastls Büro. Und jetzt?

Soll er wirklich reingehen? Er bleibt stehen und setzt
sich auf eine Bank.
Meine Pflicht ist es eigentlich, der Polizei zu helfen,
15 denkt er. Aber was mache ich? Ich helfe dem Täter. Nach
dem Gesetz bin ich ein Mittäter. Warum lasse ich mich
darauf ein?
Wegen IHR natürlich! Weil SIE mich darum bittet. Und
was geschieht, wenn ich Erfolg habe, wenn ich es
20 schaffe, ihren Herbert zu retten?
Er bleibt noch eine Weile sitzen, überlegt, schüttelt den
Kopf.
Er springt auf und eilt zur Treppe zurück.

Aber bald werden seine Schritte langsamer.

Er bleibt stehen.

Er dreht sich um und geht erneut auf das Büro zu. Vor der Tür hält er noch einmal an und atmet tief durch. Dann klopft er und drückt entschlossen die Klinke. 5

Aber die Tür bleibt zu. Sie ist abgesperrt.

„Mist!", schreit Carsten Tsara und schlägt mit der flachen Hand gegen die Wand. „So ein verdammter Mist!"

Eine Beamtin in Polizeiuniform kommt den Flur entlang. Sie sieht ihn fragend an. Carsten Tsara überlegt, ob er sie 10 irgendetwas Sinnvolles fragen könnte. Da beginnt sein Handy zu piepsen.

„Ja? ... Tatsächlich!? ... Wann? ... Von wo? ... Hach, warum denn nicht? ... Ist Ursula schon zu Hause? ... Okay, ich komme!" 15

8

„Bitte erzähle mir jetzt alles, Heinzi! Und so genau wie möglich, okay?" Carsten Tsara setzt sich auf einen Küchenstuhl und blickt Karlheinz direkt ins Gesicht. Der mollige, dunkelhaarige Mann schiebt nervös seine Brille hoch. 20

„Okay! Also, das Telefon klingelt ..."

„Wann?"

„Vor 'ner halben Stunde ungefähr. Ich geh ran, und da sagt er ..."

„Wer? Herbert?" 25

„Natürlich! Wer denn sonst? Also er sagt:
,Ist Ursel zu Hause?' Darauf ich:
,Hallo Herbert, wie geht's denn so?' Darauf wieder er:

‚Alles paletti, Heinz! Sei mir nicht bös, aber ich hab grad nicht so viel Zeit. Kannst du mir bitte gleich mal Ursel holen?' Ich wieder:

‚Tut mir Leid, Herbert, sie ist grad nicht da.'

5 ‚Was? Wo ist sie denn?' fragt er.

‚Keine Ahnung!' sag ich. ‚Vielleicht Einkaufen. Kann sie dich zurückrufen? Oder soll ich was ausrichten?' Da macht er 'ne ziemlich lange Pause, so als denke er nach. Dann sagt er:

10 ‚Nee, du, Zurückrufen geht nicht. Sag ihr einfach, dass ich okay bin und dass sie sich schon mal 'ne Antwort überlegen soll.'

‚'ne Antwort?'

‚Ja. Sie weiß schon, was ich meine, okay?'

15 ‚Klar, Herbert!', sag ich und überlege, was ich fragen kann, damit er noch am Telefon bleibt. Aber mir fällt in der Eile nichts ein. Da höre ich den Schlüssel an der Tür und sehe Ursula reinkommen.

‚Warte!', rufe ich. ‚Warte, Herbert! Da kommt sie gerade!',

20 Aber er hat schon aufgelegt.“

„Mist!“, sagt Carsten Tsara. „So, wie das klingt, ruft er nicht noch mal an! Und wir haben keine Ahnung, wo er steckt! Telefonzellen gibt's schließlich Tausende in dieser Stadt!“

25 „Telefonzellen?“ Heinz wiegt den Kopf hin und her. „Also, wenn ich genauer darüber nachdenke, glaub ich eigentlich nicht, dass er in 'ner Telefonzelle war. Eher auf 'nem Fest oder so ...“

Es dauert einige Sekunden, bis Carsten und Ursula

30 begreifen. Sie sehen zuerst sich und dann Karlheinz an.

„Warum guckt ihr so? Hab ich was Falsches gesagt?“

„Ein Fest?“, schreien beide.

„Na ja, irgendwas, wo viel los ist. Eine Geburtstagsparty oder so ... mit Leuten, Trubel, Musik, richtig Rambozambo!" Er kichert. Dann runzelt er die Stirn. „Eigentlich schon komisch, so 'ne Party am Nachmittag! Wenn es nicht mitten im Juni wäre, würd' ich sogar sagen, es klang wie Karneval ..."

„Wieso?"

„Na, wegen dem Gesang im Hintergrund: ‚Toll! Toll! Toll! Wir sind alle hackevoll!' oder so ähnlich ..."

Carsten Tsara springt auf und rennt zur Tür.

„Los!", schreit er.

„Was ist denn?", fragt Ursula.

„Mitkommen! Alle beide! Schnell!"

9

Am Haupteingang von TOPSTAR stehen attraktive junge Frauen mit engen Overalls und lustigen Hüten, auf denen mit großen goldenen Ziffern die Zahl „25" steht.

„Toll, toll, toll!", rufen sie und bewerfen jeden Neuankömmling mit Luftschlangen und Konfetti.

Im Inneren des Kaufhauses ist die Hölle los. Tausende Menschen drängen sich um die Wühltische mit den sensationellen Sonderangeboten. Mitarbeiter einer Catering-Firma schieben sich mit ihren Tabletts durch die Menge und reichen belegte Brötchen und Sekt. Unzählige grellbunte Plakate hängen von der Decke. Eine Big-Band spielt Hits von früher und dazwischen immer wieder den Werbejingle:

„Toll, Toll, toll! 25 Jahre voll!"

Carsten Tsara, Ursula und Heinz haben Mühe, sich nicht aus den Augen zu verlieren.

„Es ist aussichtslos!", ruft Heinz und schiebt seine Brille

5 hoch. „Wie sollen wir ihn denn finden? Außerdem ist es noch nicht mal sicher, dass er auch wirklich hier ist."

„Wir müssen ihn aber finden!", sagt Ursula trotzig. „Er ist bestimmt hier!" Carsten Tsara spürt ihre Verzweiflung.

10 „Keine Panik!", sagt er. „Ich bin auch sicher, dass er hier ist. In diesem Trubel hat er nämlich gute Chancen, unerkannt zu bleiben. Guckt mal: Die Plastiktüten von TOPSTAR sind hellblau. Wir wissen aber, dass das Geld in einer knallroten Tüte sein soll. Unsere Chancen, den

15 Geldboten zu finden, sind gar nicht so schlecht."

„Na gut! Aber wie sollen wir suchen?", fragt Heinz.

„Das Kaufhaus hat drei Etagen", antwortet Carsten Tsara. „Heinz, du übernimmst den zweiten Stock, Ursula den ersten, und ich bleibe hier im Erdgeschoss, okay?"

20 Sobald Ursula und Heinz weg sind, lässt sich Carsten Tsara von der Masse mitnehmen. Zusammen mit den

übrigen Kaufhausbesuchern schiebt er sich Meter um Meter von einem Wühltisch zum nächsten.

Doch statt auf die Sonderangebote zu achten, sieht sich der Detektiv die Leute rund um sich herum genau an. Da sind türkische Großmütter mit bunten Kopftüchern, Hausfrauen mit riesigen Einkaufstaschen, Geschäftsleute im feinen Anzug, junge Mädchen mit Zahnspangen, Handwerker in Arbeitskleidung – alle wollen die 25-Jahr-Feier dazu nutzen, ein Schnäppchen zu machen. Keiner von ihnen hat eine rote Plastiktüte.

Carsten Tsara ist sicher, dass Herbert hier im Erdgeschoss ist. Der Ort und der Zeitpunkt sind für eine Geldübergabe nicht schlecht gewählt. Herbert muss nur dem Boten die Plastiktüte aus der Hand reißen, wieder zwischen den übrigen Besuchern verschwinden und sofort zu einem der drei Ausgänge gehen. Wenn allerdings die Polizei ... der Detektiv blickt zum Haupteingang hinüber. Richtig! Neben der großen Glastür steht ein Mann, den er schon öfter bei der Kripo gesehen hat. Er hat eine schwarze Lederjacke und Bluejeans an und gibt sich große Mühe, wie ein normaler Kunde auszusehen. Er unterhält sich mit zwei anderen Männern, die ähnlich gekleidet sind wie er.

Sie wissen also von der Erpressung! Carsten Tsara braucht nicht viel Fantasie, um sich vorzustellen, dass es im Kaufhaus TOPSTAR von Polizisten nur so wimmelt. Sie sind an allen Ausgängen, bei den Rolltreppen und bestimmt auch in der Nähe des Geldboten. Herbert hat keine Chance. Sobald er das Geld nimmt und sich damit zu erkennen gibt, schnappt die Falle zu. Umso wichtiger ist es, ihn vorher zu finden!

Carsten Tsara braucht nun nicht mehr nach der roten

Plastiktüte zu suchen, sondern nur noch nach Andreas Gastl. Als Chef der Abteilung ist Andreas bestimmt ganz nahe bei dem Geldboten. Sein Freund ist fast zwei Meter groß. Einen solchen Riesen kann man selbst im
5 schlimmsten Gedränge leicht finden, oder? Das Jagdfieber packt den Detektiv. Er allein gegen eine ganze Armee – das ist ein Spiel, das ihm gefällt. Er blickt nach links, nach rechts, sieht mehrere große Männer. Aber sein Freund ist nicht darunter.

10 Eine unglaublich dicke Frau drängelt sich an Carsten Tsara vorbei und tritt ihm dabei auf die Füße. „Hey, passen Sie doch auf!", will er rufen, während er sich umdreht. Aber der Satz bleibt ihm im Mund stecken. Andreas Gastl ist nur ein paar Meter hinter ihm. Doch er
15 bemerkt Carsten Tsara nicht. Er blickt in eine andere Richtung. Wen beobachtet er denn so scharf? Der Detektiv verfolgt den Blick des Polizisten zehn Meter weiter zu einem Mann, der neben einem der Wühltische steht. Er hat eine knallrote Plastiktüte in der Hand. Der Geldbote!
20 Endlich! Jetzt fehlt nur noch ...
Ja! Da ist auch Herbert! Er steht am Nachbarwühltisch und beobachtet den Geldboten. Er ist blass und scheint hin und her zu überlegen, ob er die Sache nun machen soll oder nicht.

25 Carsten Tsara weiß, dass ihm jetzt keine Zeit mehr bleibt. Eilig schiebt er sich durch die Menschenmenge auf Herbert zu. Die Luft ist schlecht. Es riecht nach billigem Parfüm und Schweiß. Die Leute schimpfen, weil der Detektiv sich mit Gewalt an ihnen vorbeidrängelt. Ihm
30 wird schwindelig. Das ist der Kreislauf!, denkt er. Seit dem halben Croissant heute Morgen habe ich keinen Bissen mehr gegessen.

„Toll, toll, toll! 25 Jahre voll!" Die Musik kommt ihm plötzlich unerträglich laut vor. Der Schwindel wird schlimmer. Nur jetzt nicht umfallen!, sagt er sich. Gleich hast du es geschafft!

Er sieht, wie Herbert ein kleines braunes Päckchen aus seiner Jacke holt. Was hat er in der anderen Hand? Ein Feuerzeug. Er blickt nach oben. Die Sprinkleranlage!

Carsten Tsara fällt der Erpresserbrief wieder ein: „KEINE POLIZEI +++ Sonst passiert etwas Schlimmes." Das Päckchen ist eine Rauchbombe! Herbert hat mal in einer Chemikaliengroßhandlung gearbeitet! Kaliumchlorat und Puderzucker, das gibt dicken weißen Rauch.

Und dann? Feueralarm ... und eine Massenpanik!

Carsten Tsara rennt jetzt. Er schiebt die Menschen, die ihm im Weg stehen, einfach zur Seite. Die Leute schimpfen. Herberts Feuerzeug brennt. Kurz bevor er die Flamme an das Päckchen halten kann, schlägt Carsten Tsara es ihm aus der Hand.

„Hau ab, Herbert!", sagt er leise, dann verliert er den Boden unter den Füßen. Während er fällt, hört er eine Trillerpfeife. Eine Stimme schreit: „Zugriff!"

Dann wird alles schwarz vor seinen Augen.

10

Um kurz nach halb sechs Uhr verlässt Carsten Tsara das Polizeipräsidium als freier Mann. Er winkt einem Taxi.

„Zum Arabellapark, bitte!", sagt er.

Während der Fahrt muss er mehrere Male laut lachen.

Der Fahrer beobachtet ihn ängstlich durch den Rück-
spiegel. Hat er etwa einen gefährlichen Irren im Wagen?
Er kann ja nicht wissen, wie komisch die letzten beiden
Stunden für Carsten Tsara waren.

5 Zuerst die Szene, wie er aus seiner Ohnmacht aufwacht:
Er liegt auf dem Fussboden im Kaufhaus TOPSTAR. Seine Arme sind mit Handschellen gefesselt. Ein Dutzend
Polizeibeamte beugen sich über ihn, und Andreas Gastl
fragt:

10 „Carsten! Du? Sag mal, was machst du denn hier?"
„Ich will mir eine Badehose kaufen", antwortet er. „Ist
das verboten?"
Natürlich muss er mit zur Polizei. Dort bekommt er endlich etwas zu essen und eine Tasse Kaffee.

15 Eine Erpressung? Davon weiß er nichts.
Ein Geldbote mit einer roten Plastiktüte? Was? Keine
Ahnung!
Er wollte nur eine billige Badehose.
Das Ganze ist ein reiner Zufall.

20 Die Beamten müssen ihm glauben.
Carsten Tsara hat den Geldboten und die Plastiktüte ja
nicht einmal berührt. Sie müssen sich sogar bei ihm

entschuldigen. Vor allem der Polizist, der zu früh das Einsatzsignal gab. Der Mann tut Carsten Tsara Leid. Er kann ihm ja nicht sagen, dass er die Situation völlig richtig erfasst hatte.

Carsten Tsara lacht noch einmal laut. 5

„Ich bin ein Genie!", ruft er, als sie am Arabellapark ankommen. Der Taxifahrer nimmt das Geld und fährt schnell weg. Er ist erleichtert, dass er den verrückten Fahrgast los ist.

Wo ist der Überwachungswagen? Der Detektiv sieht sich 10 um. Ach, da drüben. Wieso steht er auf der falschen Seite des Bürogebäudes? Dieser Eddi ist scheinbar doch nicht ganz so intelligent, wie er aussieht. Na, egal! Carsten Tsara will sich seine gute Laune heute durch nichts mehr verderben lassen. 15

Eddi hat ihn schon gesehen und öffnet die Schiebetür des Kleinbusses.

„Hallo, Carsten!", ruft er und winkt. „Du siehst so fröhlich aus. Ihr habt den Blödmann gerettet, oder?"

„Stimmt", sagt Carsten Tsara, während er die Schiebetür 20 hinter sich schließt und sich in den freien Sitz fallen lässt. „Und du? Hast du auch schön an deiner Arbeit geschrieben?"

„Keine einzige Zeile, Mann! Ich hab den ganzen Tag Detektiv gespielt. Die Elektronik ist wirklich Spitze. Und 25 gar nicht schwer zu bedienen." Eddi drückt einige Tasten des Computers. Der Monitor wird hell.

„Pass auf, gleich staunst du! Ich habe den Typ nämlich in flagranti erwischt. Die Aufnahmen sind erstklassig."

„Ach, tatsächlich?", sagt Carsten Tsara und unterdrückt 30 ein Grinsen. „Na, da bin ich aber gespannt. Lass doch mal sehen!"

Auf dem Bildschirm erscheint ein Büro. Ein Mann im

dunklen Anzug sitzt am Schreibtisch und tippt etwas in seinen Computer ein. Die Bürotür öffnet sich. Eine attraktive junge Frau kommt herein und sperrt die Tür ab. Der Mann steht auf. Die beiden umarmen und küssen
5   sich. Sie gehen dabei langsam in die Knie und verschwinden hinter dem Schreibtisch.

„Moment mal! Der Ton ist noch nicht eingeschaltet", sagt Eddi und dreht an einem Regler. „Dieses Richtmikrofon ist toll. Da sind immerhin vierzig Meter Ent-
10 fernung und eine Glasscheibe dazwischen. Hör mal, die Tonqualität ..." Aus den Lautsprechern sind eindeutige Geräusche zu hören. „Na, was sagst du jetzt?"

Carsten Tsara möchte am liebsten laut loslachen, aber Eddi sieht ihn so begeistert an, dass er es einfach nicht
15 übers Herz bringt.

„Okay, Eddi, der Mann da ist um die 40, er hat 'ne Halbglatze, 'nen Schnurrbart, und er trägt 'nen dunklen Anzug. Und es ist auch das dritte Büro von links. Aber leider in der falschen Etage. Der Typ, den wir beobach-
20 ten sollen, sitzt nicht im ersten Stock, sondern im Erdgeschoss."

„Dies ist das Erdgeschoss", antwortet Eddi.

„Nein, das Erdgeschoss sieht man nur von der anderen Seite. Du hast nicht bemerkt, dass das Gebäude auf
25 einem Hanggrundstück steht. Mach dir nichts draus! Solche Fehler passieren jedem Anfänger mal."

„Na, dann hör mal genau zu", sagt Eddi und regelt den Ton noch etwas lauter. Hinter dem Schreibtisch erscheint ein Männerarm mit einem Damenslip, und eine weib-
30 liche Stimme kichert:

„Aber Herr Köberlein! Was machen Sie denn da?"

Carsten Tsara will es noch nicht verstehen. Er schüttelt langsam den Kopf.

30

„Was? ... Wie? ...“

„Was man von der anderen Seite aus sieht, ist das Untergeschoss“, sagt Eddi. „Glaub's mir, Junge! Ich war drin
und hab alles genau überprüft.“

„Dann hab ich also zwei Wochen lang den falschen   5
Mann beobachtet?“, stöhnt der Detektiv. Eddi klopft ihm
freundschaftlich auf die Schulter.

„Komm, Junge, mach dir nichts draus! Solche Fehler
passieren jedem Profi mal.“

11

Von einem Anfänger geschlagen zu werden ist nicht   10
schön. Von seiner Chefin für eine Arbeit gelobt zu werden, die man gar nicht selbst gemacht hat, ist auch nicht
besser. Aber einer einsamen Frau zeigen zu müssen, wie
ihr Mann sie mit einer anderen betrügt, das ist wirklich
schlimm.   15

Es ist kurz nach zehn Uhr. Carsten Tsara hat für heute
die Nase voll. Er will nur noch nach Hause, er will
duschen, einen Film mit den Marx Brothers angucken
und dann endlich ins Bett gehen.

Dass Ursula sich nicht meldet! Was ist mit ihr und   20
Herbert? Hat sie sich nun endlich von ihm getrennt?
Warum ruft sie denn nicht an? Müde steigt er die Treppe
zu seiner Wohnung hinauf. Vom letzten Treppenabsatz
aus sieht er, dass an seiner Tür ein Briefkuvert steckt.

Sie war da! Sie wollte zu ihm! Wie wunderbar!   25
Seine Müdigkeit ist weg. Er läuft die letzten Stufen hinauf, nimmt den Umschlag und reißt ihn schnell auf.

,Pech gehabt, Herr Tsara! Ich arbeite bei der ALMINIA-

Versicherung und kann jedes Autokennzeichen sofort überprüfen. Wenn Sie mal eine günstige Versicherung brauchen, bin ich gerne behilflich. Ihre Strafe zahlen Sie aber bitte selbst."

5 Tsara zerknüllt den Strafzettel und die Visitenkarte und wirft beides in den Abfalleimer. Dann drückt er auf die Abfragetaste seines Anrufbeantworters.

Da! Ihre Stimme! Endlich!

„Hallo, Carsten! Sag mal, ist dein Handy kaputt? Hof-
10 fentlich hattest du keinen Ärger mit den Bullen! ... Du hast alles so toll gemacht! Ich weiß gar nicht, wie ich dir ... Vielen Dank! ... Übrigens fliegen wir morgen für eine Woche nach Mallorca. Last Minute. Wir wollen in Ruhe über alles reden und ... und ... ich liebe ihn eben, das
15 weiß ich jetzt ... und ... es tut mir Leid, Carsten! Bitte sei nicht böse! Ich melde mich, wenn ich zurück bin, okay?"

Carsten Tsara beginnt zu lachen. Er lacht und lacht. Er lacht noch immer, als es ein paar Minuten später an der Wohnungstür klingelt. Er lacht, als er die Tür öffnet. Er
20 lacht, als Eddi mit einer großen Flasche Champagner die Treppe heraufkommt.

„Toll, dass du so gute Laune hast!", sagt Eddi. „Ich hatte schon befürchtet, dass ..."

„Dass was?"

25 „Ach, nichts! Komm, mach den Schampus auf und lass uns anstoßen!"

„Anstoßen? Auf was denn?"

„Ich weiß jetzt endlich, was ich nach dem Studium ma-chen werde!"

30 „So? Was denn?"

„Ich will Detektiv werden!"

Carsten Tsara, der für einen Moment aufgehört hatte zu lachen, prustet wieder los. Dann klopft er sich auf die

32

Schenkel und lacht noch lauter als zuvor. Eddi guckt verunsichert.

„Was ist? Glaubst du mir nicht? Du, ich meine das wirklich ernst!"

Der Korken knallt und fliegt quer durch das Zimmer. ₅ Carsten Tsara schenkt zwei Gläser voll und reicht eines Eddi.

„Also dann! Lass uns anstoßen, Kollege! Auf den Beginn einer wunderbaren Freundschaft!"

Worterklärungen

Kapitel 1

S. 3	das Sandelholz, ¨er	Holz aus Asien, riecht besonders gut; wird in Parfüms verwendet
	der Geruch, ¨e	was man mit der Nase riecht
	schätzen	meinen, glauben, vermuten
	frustriert	unzufrieden, traurig
S. 4	die Wohngemeinschaft, -en	mehrere Personen, die keine Familie sind und zusammen in einer Wohnung / einem Haus leben
	eifersüchtig sein	Angst haben, durch jemand anderen eine Person zu verlieren, die man liebt
	das Ölgemälde, -	mit Ölfarben gemaltes Bild
	das Handy, -s	mobiles Telefon; Telefon, das man überallhin mitnehmen kann
	der Flur, -e	Vorraum in einer Wohnung. Von hier aus kann man in die einzelnen Zimmer gehen.
	das Schnarchen	Geräusch, das manche Leute im Schlaf beim Atmen machen (grrchsgrrrchgrrch)

der Scheibenwischer, -		S. 5

der Strafzettel, -   So ein Papier bekommt man
von der Polizei, wenn man falsch
geparkt hat. Man muss dann Geld
bezahlen.

fluchen   laut schimpfen

die Politesse, -n   Frau, die der Polizei hilft
aufzupassen, dass die Autos
richtig parken

die Windschutzscheibe, -n   großes Fenster vorn am Auto

Geld wie Heu haben   sehr viel Geld haben
(Redewendung)

Kapitel 2

das Croissant, -s   französisches Gebäck, das man zum   S. 6
Frühstück oder zum Kaffee isst

an etwas schnuppern   vorsichtig an etwas riechen

mollig   ein bisschen dick

die Geige, -n

das Detektivbüro, -s   private Firma, in der Leute arbei-
ten, die Verbrechen aufklären;
sie gehören nicht zur Polizei

der Fall, ⸚e   hier: die Sache, um die es gerade   S. 7
im Detektivbüro geht

etwas herausbekommen   Informationen entdecken

das Parterre   Erdgeschoss

ohne Unterbrechung   ohne Pause

beschatten   jemanden beobachten, ohne dass
diese Person es bemerkt

Kapitel 3

S. 8

wenn es nach Verena Müller ginge	wenn nur die Meinung von Verena Müller wichtig wäre
der Stau, -s	viele Autos auf der Straße, die gar nicht oder nur langsam fahren können
flitzen	sich sehr schnell bewegen; sehr schnell fahren
die Blechlawine, -n	sehr viele Autos, die gleichmäßig in dieselbe Richtung fahren
mit den Fingern (herum)trommeln	mit den Fingern klopfen, weil man nervös ist
kündigen	seine Arbeit bei einer Firma beenden
der Quatsch *(umgangssprachlich)*	Unsinn
die Schlafmütze, -n	hier: eine Person, die sehr langsam ist
hupen	

S. 9

schluchzen	stark weinen
die Ziege, -n *(umgangssprachlich)*	hier: dumme Frau
Sie kann mich mal! *(Slang; Redewendung)*	Es ist mir völlig egal, was sie von mir will/denkt!
wenden	sich (oder sein Auto) umdrehen

Kapitel 4

S. 10

zittern	der Körper bewegt sich schnell und ohne Kontrolle
die Träne, -n	läuft beim Weinen aus dem Auge
Himmel noch mal! *(umgangssprachlich; Redewendung)*	Ausdruck des Ärgers (hier: über sich selbst)

36

hohe Schulden haben	wenn man sich bei einer Person / einer Bank sehr viel Geld geliehen hat und es noch nicht zurückgezahlt hat	**S. 11**
der Minderwertigkeits- komplex, -e	jemand denkt von sich, dass er nichts wert ist	
ein geborener Verlierer	jemand, der nie Glück hat	
einsehen	erkennen, verstehen, glauben	
sympathisch	nett, angenehm	
sensibel	mit viel Gefühl	
stinkfaul	sehr faul, will nicht arbeiten	**S. 12**
klauen *(umgangssprachlich)*	stehlen	
prügeln	schlagen, hauen	
kapieren *(umgangssprachlich)*	verstehen	
jemanden ausnutzen	jemanden nur zu seinem eigenen Vorteil benutzen	
das Gefängnis, -se	Gebäude, in das die Polizei Kriminelle bringt	

Kapitel 5

das Geheule	starkes Weinen (negativ)	
idiotisch	sehr dumm	**S. 13**
durchdrehen	verrückt werden	
alle Probleme sind gelöst	es gibt keine Probleme mehr	
Ich krieg die Krise! *(umgangssprachlich; Redewendung)*	Das regt mich sehr auf.	**S. 14**
die Glatze, -en	ohne Haare auf dem Kopf	
der Schnurrbart, ⸚e	kleiner Bart über dem Mund	
das Überwachungsmobil, -e	Fahrzeug, aus dem ein Detektiv Verbrecher beobachtet	
der Laptop, -s	kleiner Computer, den man tragen kann	

37

die Spionagetechnik, -en	technische Mittel, die ein Detektiv für seine Beobachtungen braucht
das Fernglas, ¨er	Gerät, mit dem man sehr weit sehen kann
S. 15 jemanden aufhalten	jemanden daran hindern, etwas zu tun

Kapitel 6

S. 16 die Mahnung, -en	Nachricht, dass man eine Rechnung endlich bezahlen soll
S. 17 die Schlange, -n	
das (Ge-)Hirn, -e	der Teil des Kopfes, mit dem man denkt
S. 18 der Schokoriegel, -	Stück Schokolade, das einzeln verpackt ist
knallrot	sehr rot
die Anweisung, -en	Hinweis, was getan werden soll
die Erpressung, -en	ein Verbrecher sagt, dass er etwas Schlimmes machen wird, wenn er bis zu einem genannten Termin kein Geld bekommt
S. 19 der Knast *(umgangssprachlich)*	Gefängnis
sich schämen	ein schlechtes Gefühl haben, weil man schlechte Dinge gedacht oder getan hat

Kapitel 7

| die Kriminalpolizei | Spezialpolizei, die Verbrecher sucht |
| der Kommissar, -e | leitender Mitarbeiter der Kriminal-polizei |

die Etage, -n	Stockwerk
uniformiert	hat die (grüne) Arbeitskleidung der Polizei an
die Handschelle, -n *(meist Plural)*	
Täter	Person, die etwas Kriminelles getan hat **S. 20**
Warum lasse ich mich darauf ein?	Warum mache ich so etwas?
abgesperrt	verschlossen, zu **S. 21**
So ein verdammter Mist! *(Slang; Redewendung)*	Ausdruck des starken Ärgers (wenn etwas nicht funktioniert)
piepsen	klingeln

Kapitel 8

Alles paletti! *(umgangssprachlich; Redewendung)*	Es ist alles klar! Es ist alles gut! **S. 22**
Keine Ahnung! *(Redewendung)*	Ich weiß es nicht!
(jemandem) etwas ausrichten	(jemandem) etwas sagen; jemanden über etwas informieren
begreifen	verstehen
der Karneval	ein Fest vor Ostern: die Leute verkleiden sich, sind lustig, es gibt viel Musik und Gesang **S. 23**
im Hintergrund	leise, so dass man es nicht genau versteht

Kapitel 9

... ist die Hölle los! *(umgangssprachlich, Redewendung)*	es ist viel los; es passiert sehr viel auf einmal

	der Wühltisch, -e	Tisch im Kaufhaus, auf dem viele besonders billige Kleidungsstücke liegen
S. 24	Keine Panik! *(umgangssprachlich, Redewendung)*	Mach dir keine Sorgen!
S. 25	ein Schnäppchen, -	ein besonders günstiger Kauf
	verschwinden	weggehen
	die Kripo	kurzes Wort für Kriminalpolizei
	es wimmelt von ...	es gibt ganz viele davon
	der Geldbote, -n	die Person, die das Geld überbringt
	die Falle schnappt zu *(Redewendung)*	der Täter wird gefangen
S. 26	der Riese, -n	ein sehr großer Mann
	das Gedränge	sehr viele Menschen, sehr nah/eng beieinander
	das Jagdfieber	Lust, jemanden zu jagen
	eilig	schnell
	ihm wird schwindelig	ihm geht es schlecht, er kann nicht mehr gerade laufen, alles dreht sich vor seinen Augen
S. 27	das Feuerzeug, -e	damit zündet man z.B. eine Zigarette an
	die Sprinkleranlage, -n	Anlage in Kaufhäusern oder großen Gebäuden, die automatisch Wasser verspritzt, wenn in dem Haus irgendwo Feuer oder Rauch ist
	die Rauchbombe; -n	
	die Massenpanik, -en	viele Menschen haben plötzlich große Angst
	den Boden unter den Füßen verlieren *(Redewendung)*	hinfallen

40

die Trillerpfeife, -en

Zugriff!   Zeichen für die Polizisten, den
Täter nun zu fangen

der Irre, -n	der Verrückte	**S. 28**
die Ohnmacht	jemandem ist so schlecht, dass man hinfällt und nichts mehr denken kann	
berühren	anfassen	
das Einsatzsignal, -e	Zeichen der Polizei, dass man den Verbrecher fassen muss	**S. 29**
erfassen	verstehen, beobachten, sehen	
jemanden in flagranti erwischen	jemanden direkt während des Verbrechens beobachten	
erstklassig	ganz toll	
das Richtmikrofon, -e	Gerät, mit dem der Detektiv ganz weit hören kann	**S. 30**
eindeutig	etwas kann nur eine einzige Bedeutung haben	
etwas nicht übers Herz bringen *(Redewendung)*	sich nicht entschließen können, etwas zu tun, weil man jemanden gern hat	

das Hanggrundstück, -e

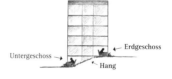

das Untergeschoss, -e	Stock unter dem Erdgeschoss	**S. 31**
Mach dir nichts draus! *(Redewendung)*	Ärgere dich nicht über deinen Fehler! Es ist nicht so schlimm.	

41

	einsam	sehr allein
	(jemanden) betrügen	jemanden täuschen, hier: Ehebruch begehen
	die Nase voll haben *(umgangssprachlich; Redewendung)*	genug von etwas haben, keine Lust mehr haben
S. 32	der Bulle, -n *(Slang)*	Polizist
	anstoßen auf etwas	Zwei oder mehr Personen trinken bei einer besonderen Gelegenheit zusammen ein alkoholisches Getränk. Vor dem ersten Schluck stoßen sie ihre Gläser leicht aneinander und wünschen sich etwas Gutes.
	losprusten *(umgangssprachlich)*	laut lachen
	sich auf die Schenkel klopfen	sich auf den oberen Teil der Beine hauen, weil man laut lachen muss
S. 33	der Korken, -	Verschluss einer Champagner-/Sekt-/Weinflasche
	wunderbar	sehr schön; ganz toll

Aufgaben zum Text

Kapitel 1

A   Richtig (r) oder falsch (f)? Kreuzen Sie an.

r ☒ Die Geschichte spielt im Winter.

r f Carsten Tsara wacht am späten Nachmittag auf.

r f Er hat im Kino eine Frau kennen gelernt und ist
mit ihr nach Hause gegangen.

r f Hinter einer Tür sitzt ein junger Mann vor einem
Monitor.

r f Carsten hofft, dass der reiche Mercedes-Besitzer
seinen Strafzettel bezahlt.

B   Kreuzen Sie an. Was bedeutet ...?

Geld wie Heu haben (S. 5, Zeile 33)

a wenig oder kein Geld haben

b viel Geld haben

c das Geld in der Matratze verstecken

Kapitel 2

**A   Diese Sätze fassen das Kapitel zusammen.
Bringen Sie sie in die richtige Reihenfolge.**

☐ Probleme im Fall Köberlein

1 Frühstück im Büro

☐ Carsten möchte eine interessantere Arbeit.

☐ Die Detektivin Verena Müller

43

B Wie ist das Verhältnis zwischen Carsten Tsara und Verena Müller? Kreuzen Sie an.

▢ distanziert ▢ liebevoll ▢ freundschaftlich

▢ feindlich ▢ herzlich ▢ rein beruflich

C Kreuzen Sie an. Was bedeutet ...?

„Das gibt's ja wohl nicht." (S. 6, Zeile 1)

▢ a „Ich bin überrascht, weil etwas passiert ist, was ich für unmöglich hielt."

▢ b „Ich möchte das nicht."

▢ c „Ich gebe das nicht her."

jemanden verrückt machen (S. 7, Zeile 4/5)

▢ a eine Person mit einer Krankheit anstecken

▢ b jemanden oft mit etwas belästigen

▢ c jemand tut etwas ganz Ungewöhnliches

„Das ist nichts für mich." (S. 7, Zeile 23)

▢ a „Die Sache gehört mir nicht."

▢ b „Ich möchte auch etwas davon."

▢ c „Ich möchte das nicht machen/haben."

Kapitel 3

A Welche Wörter zeigen, dass Carsten Tsara schlecht gelaunt ist?

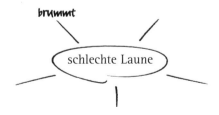

44

B Das ist bisher passiert. Bringen Sie die Sätze in die richtige Reihenfolge.

☐ Am nächsten Morgen wacht Carsten früh auf.

☐ Carsten findet es langweilig, Herrn Köberlein zu beobachten. Er möchte eine interessantere Arbeit.

1 Carsten Tsara lernt im Kino Ursula kennen.

☐ Als er später im Auto sitzt, ruft Ursula an und bittet ihn um Hilfe.

☐ Er muss aber weiter Herrn Köberlein beschatten.

☐ Er schreibt seine Handynummer auf und geht in das Detektivbüro.

☐ Nach einem Kaffee und einem Spaziergang gehen Ursula und Carsten in Ursulas Wohnung.

☐ Seine Chefin Verena Müller merkt sofort, dass Carsten eine neue Liebe hat.

C Was meinen Sie: Was ist bei Ursula passiert?
Welche Fortsetzung finden Sie realistisch? Kreuzen Sie an.

☐ Das Gemälde mit den Zitronen ist gestohlen worden.

☐ Ursulas Freund ist in Schwierigkeiten.

☐ Verena Müller ist eifersüchtig auf Ursula und hat sie bedroht.

Kapitel 4

A Richtig oder falsch? Kreuzen Sie an.

r f Carsten weiß die Namen von Ursulas Mitbewohnern und Freund nicht mehr. Das ärgert ihn.

r f Carsten mag Eddi nicht, weil er direkt seine Meinung sagt.

r f Eddi glaubt, Herbert nutzt Ursula aus.

45

B   Kreuzen Sie an. Was bedeutet ...?

„... denen sie sagen kann, wo's langgeht." (S. 11, Z. 26/27)

a   ... denen sie den Weg beschreiben kann.

b   ... mit denen sie lange Spaziergänge machen kann.

c   ... die machen, was sie möchte.

C   Herbert wird sehr negativ beschrieben. Notieren Sie Stichworte.

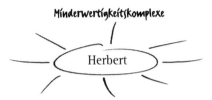

Minderwertigkeitskomplexe

Herbert

D   Was sagt Ursula dazu?

Eddi	Ursula
„Herbert hat Minderwertigkeitskomplexe und ist der geborene Verlierer."	
„Herbert hat jede Woche einen anderen Job."	

Kapitel 5

A   Woher weiß Ursula, dass Herbert eine Dummheit begeht, etwas Kriminelles unternimmt?

_____

_____

B **Sie kennen jetzt alle wichtigen Personen dieser Geschichte.
Welche Aussage passt zu wem? Manche Aussagen passen
auch zu zwei Personen.**

a   arbeitet bei Verena Müller

b   arbeitet jeden Tag 9 Stunden in einem Büro

c   bleibt zu Hause und macht Telefondienst

d   ist blond

e   ist Carstens Chefin

f   ist Detektiv

g   fährt in Herberts Wohnung

h   hat hohe Schulden

i   ihr Parfüm duftet nach Sandelholz

j   ist in Ursula verliebt

k   schreibt an seiner Diplomarbeit

l   übernimmt Carstens Überwachungsjob

m   ist Ursulas Freund

n   ist Ursulas Mitbewohner

o   ist auf ihren Mann eifersüchtig

p   ist Zahnarzthelferin

Carsten Tsara	*a,*
Eddi	
Frau Köberlein	
Heinz	
Herbert	
Herr Köberlein	
Ursula	
Verena Müller	

C   **Was bedeutet ...? Ordnen Sie die Ausdrücke mit gleicher Bedeutung einander zu.**

a   Jetzt dreht er durch.   der Mann

b   Ich krieg die Krise!   Toll!

c   der Typ   Er wird verrückt.

d   Stark!   schauen

e   mit einem Schlag   Ich werde verrückt!

f   einen Blick werfen   auf einmal

D   **Was hofft Carsten in Herberts Wohnung zu finden?**

_____

_____

Kapitel 6

A   **Achtung Fehlerteufel! Korrigieren Sie noch 7 Fehler in dieser Zusammenfassung.**

un

Herberts Wohnung ist sehr ordentlich, und Carsten und Verena finden zunächst nichts. Carsten schaltet den Computer an und entdeckt, dass es dort so unordentlich ist wie sonst bei Heinz. Ursula ist schon enttäuscht, aber schließlich findet Carsten unter den wenigen gelöschten Dateien den Erpresserbrief. Jetzt wissen sie, dass Herbert jemanden mit vergifteten Erdnüssen erpresst. Sie wissen aber, wem und auch wann und wo der Schokoriegel übergeben wird.

B   **Was meinen Sie? Liebt Ursula Carsten? Warum?**

_____

_____

Kapitel 7

A   Richtig oder falsch? Kreuzen Sie an.

- r   f   Carsten geht zur Polizei.
- r   f   Andreas Gastl soll Carsten Tsara helfen.
- r   f   Er hat ihm erst einmal geholfen.
- r   f   Carsten Tsara bleibt auf einer Bank im Flur sitzen und überlegt.
- r   f   Tsara will wieder gehen, überlegt es sich dann aber anders.
- r   f   Er klopft und will die Tür zu Gastls Büro öffnen.
- r   f   Tsara freut sich, dass Gastl nicht in seinem Büro ist.

B   Mit wem telefoniert Tsara? Wohin fährt er jetzt?

_____

Kapitel 8

A   Richtig oder falsch? Kreuzen Sie an.

- r   f   Herbert hat angerufen und wollte Ursula sprechen.
- r   f   Er hat von einer Telefonzelle aus angerufen.
- r   f   Ursula war nicht zu Hause.
- r   f   Herbert hat eine Nachricht für Ursula hinterlassen.
- r   f   Herbert ist auf einer Party. Es ist 23 Uhr.
- r   f   Es ist Karnevalszeit.

B   Warum sagt Heinz „es klang wie Karneval"?

_____

C   Kombinieren Sie selbst: Wen hat Herbert erpresst und wo ist er jetzt? Ein Tipp: Lesen Sie den Anfang von Kapitel 3 noch einmal.

Kapitel 9

A Ordnen Sie die Namen den Figuren in der Zeichnung zu.

Heinz   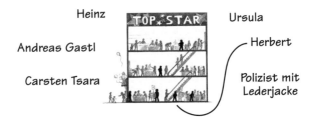   Ursula

Andreas Gastl   Herbert

Carsten Tsara   Polizist mit
Lederjacke

B Ergänzen Sie die Lücken.

Carsten, Heinz und Ursula fahren zum _____
TOPSTAR, das sein ____. Jubiläum feiert. Menschenmassen
drängen sich um die _____. Heinz will
aufgeben, aber Carsten glaubt, dass die Chancen gar nicht
so _____ sind, weil eine _____
Plastiktüte hier sehr auffällig ist. Heinz soll im _____
_____ suchen, Ursula im _____ und Carsten
bleibt im _____.

**C Achtung Fehlerteufel! Korrigieren Sie noch 3 Fehler
in dieser Zusammenfassung.**

knallrote

Carsten achtet nicht auf die Sonderangebote und sieht sich
die Leute sehr genau an. Keiner hat eine ~~hellblaue~~ Plastiktüte. Carsten erkennt einen Mann als Polizisten, den er
auch schon bei der Polizei gesehen hat und der sich mit
anderen Männern unterhält. Herbert hat keine Chance, weil
sehr viele Polizisten im Kaufhaus sind. Carsten sucht jetzt
nach seinem Freund Eddi Gastl und entdeckt ihn, als ein
großer Mann ihm auf die Füße tritt. Dann entdeckt er auch
den Überbringer des Geldes mit einem braunen Lederkoffer.

50

D Richtig oder falsch? Kreuzen Sie an.

r f Herbert macht einen selbstsicheren Eindruck.

r f Carsten weiß, dass er schnell handeln muss.

r f Carsten wird schwindelig, weil er heute Morgen in ein Croissant gebissen hat.

r f Herbert möchte mit seinem Feuerzeug ein Päckchen anzünden.

r f Carsten verhindert, dass Herbert das Päckchen anzündet.

r f Carsten sagt Herbert, dass er weggehen soll.

r f Carsten wird ohnmächtig.

E Was meinen Sie? Was wäre wohl passiert, wenn die Rauchbombe tatsächlich Feueralarm ausgelöst hätte?

_____

_____

_____

_____

F Was passiert mit Herbert? Kreuzen Sie an.

☐ Die Polizei hat ihn gesehen und verhaftet ihn.

☐ Es passiert ihm gar nichts.

☐ Er geht zur Polizei und erzählt, was er getan hat.

G Und was passiert mit Carsten? Kreuzen Sie an.

☐ Zuerst wird er ins Krankenhaus gebracht, dann verhaftet ihn die Polizei, und später muss er ins Gefängnis.

☐ Er wird von der Polizei verhört. Er kann dann wieder nach Hause gehen.

☐ Die Polizei lässt ihn laufen, als er verraten hat, dass Herbert der Erpresser ist.

Kapitel 10

A **Ordnen Sie die Namen den Details der Zeichnung zu.**

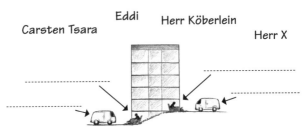

B **Was hat Carsten Tsara im Fall Köberlein falsch gemacht? Notieren Sie.**

_____

_____

_____

C **Was wird aus Carstens Liebe zu Ursula?**

☐ Ursula liebt Herbert und bleibt bei ihm.

☐ Ursula möchte sich noch nicht zwischen Herbert und Carsten entscheiden.

☐ Ursula liebt Carsten und die beiden wollen sich eine gemeinsame Wohnung suchen.

Kapitel 11

A **Richtig oder falsch? Kreuzen Sie an.**

☐ r ☐ f   Der Mercedes-Fahrer schreibt, dass er den Strafzettel bezahlt hat.

☐ r ☐ f   Ursula fliegt mit Herbert in Urlaub.

☐ r ☐ f   Eddi möchte später Detektiv werden.

☐ r ☐ f   Carsten findet Eddi unsympathisch.

**B Wo war Carsten heute überall? Verbinden Sie die „Stationen"
in der richtigen Reihenfolge.**

C Wo ist Carsten um ...

kurz nach fünf Uhr?   _____

zwanzig vor acht?   _____

14 Uhr?   _____

kurz nach halb sechs?   _____

kurz nach zehn Uhr?   _____

**D Schreiben Sie auf jede Linie ein Stichwort, das die Beziehung
der beiden Personen charakterisiert.**

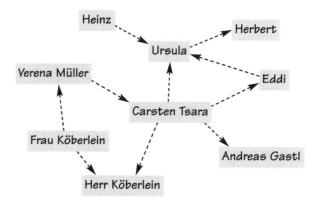

Lösungen

1 A f (Die Geschichte spielt im Frühsommer: Morgens um fünf Uhr pfeifen die Vögel.) – f (Er wacht morgens um fünf Uhr auf.) – r – r – r

     B a

2 A 1: Frühstück im Büro
         2: Die Detektivin Verena Müller
         3: Probleme im Fall Köberlein
         4: Carsten möchte eine interessantere Arbeit.

     B freundschaftlich, herzlich

     C a – b – c

3 A brummt – wütend – trommelt mit den Fingern – noch wütender – schreit – hupt

     B 3 – 6 – 1 – 8 – 7 – 4 – 2 – 5

4 A r – f (Carsten gefällt nicht, dass Eddi offen seine Meinung sagt, findet ihn aber irgendwie sympathisch.) – r

     B c

     C Minderwertigkeitskomplexe – will etwas Kriminelles machen – hat hohe Schulden – der geborene Verlierer – stinkfaul – verliert oft den Job – klaut – prügelt sich – kommt immer zu spät – nutzt andere aus

     D – Er ist sensibel.
         – Er ist vielseitig.

5 A Herbert hat es ihr selbst gesagt. (S. 13, Zeile 7)

     B Carsten Tsara: a, f, g, j   Eddi: d, k, l, n
         Frau Köberlein: o   Heinz: c, n
         Herbert: h, (j), m   Herr Köberlein: b
         Ursula: g, i, p   Verena Müller: e

     C a) Er wird verrückt.   b) Ich werde verrückt!
         c) der Mann   d) Toll!
         e) auf einmal   f) schauen

     D Einen Hinweis darauf, was Herbert plant.

6 A Herberts Wohnung ist sehr *un*ordentlich, und Carsten und *Ursula* finden zunächst nichts. Carsten schaltet den Computer an und entdeckt, dass es dort so unordentlich ist wie sonst bei *Herbert*. Ursula ist schon enttäuscht, aber schließlich findet Carsten unter *ein paar mehr als 1200* gelöschten Dateien den Erpresserbrief. Jetzt wissen sie, dass Herbert jemanden mit vergifteten *Schokoriegeln* erpresst. Sie wissen aber *nicht*, wem, und auch *nicht*, wann und wo *das Geld* übergeben wird.

7 A r – r– f (Er hat ihm schon öfter geholfen.) – r –r – r – f (Er ärgert sich.)

B Er telefoniert mit Heinz, der den Telefondienst über-nommen hat, und fährt dann zur Wohnung von Ursula, Heinz und Eddi.

8 A r – f – r – r – f (Es ist Nachmittag.) – f (Es ist Sommer. Karneval ist im Februar/März.)

B Weil er im Hintergrund Partygeräusche hörte und die Leute „Toll! Toll! Toll! Heute sind wir hackevoll!" oder so ähnlich riefen.

C Herbert erpresst ein Kaufhaus namens TOPSTAR, dort ist er jetzt auch. (Anfang Kapitel 3: Carsten hört am Morgen die Reklame dieses Kaufhauses.)

9 A Erdgeschoss: Polizist mit Lederjacke, Andreas Gastl, Herbert, Carsten Tsara
1. Stock: Ursula
2. Stock: Heinz

B Carsten, Heinz und Ursula fahren zum *Kaufhaus* TOP-STAR, das sein *25.* Jubiläum feiert. Menschenmassen drängen sich um die *Wühltische/Sonderangebote*. Heinz will aufgeben, aber Carsten glaubt, dass die Chancen gar nicht so *schlecht* sind, weil eine *(knall)rote* Plastiktüte hier sehr auffällig ist. Heinz soll im *zweiten Stock* suchen, Ursula im *ersten,* und Carsten bleibt im *Erdgeschoss.*

C Carsten achtet nicht auf die Sonderangebote und sieht sich die Leute sehr genau an. Keiner hat eine *knallrote* Plastiktüte. Carsten erkennt einen Mann als Polizisten, den er auch schon bei der Polizei gesehen hat und der sich mit anderen Männern unterhält. Herbert hat keine Chance, weil sehr viele Polizisten im Kaufhaus sind.

Carsten sucht jetzt nach seinem Freund *Andreas* Gastl und entdeckt ihn, als *eine dicke Frau* ihm auf die Füße tritt. Dann entdeckt er auch den Überbringer des Geldes mit *einer roten Plastiktüte.*

D f (Er wirkt sehr unsicher.) – r – f (... weil er heute nur ein halbes Croissant gegessen hat.) – r – r – r – r

F Es passiert ihm gar nichts.

G Er wird von der Polizei verhört. Er kann dann wieder nach Hause gehen.

10 A Auto unten: Carsten Tsara
Auto oben: Eddi
Untergeschoss: Herr X
Erdgeschoss: Herr Köberlein

B Er hat das falsche Büro beobachtet, weil er Untergeschoss und Erdgeschoss verwechselt hat.

11 A f (Er schreibt, dass er helfen kann, wenn Carsten eine neue Versicherung braucht.) – r – r – f (Sie schließen Freundschaft.)

B Ursulas Wohnung – Verena Müllers Büro – im Auto → Arabellapark – Ursulas Wohnung – Herberts Wohnung – Kriminalpolizei – Ursulas Wohnung – Kaufhaus TOPSTAR – Polizeipräsidium – Bürogebäude am Arabellapark – Carstens Wohnung

C kurz nach fünf Uhr: in Ursulas Wohnung
zwanzig vor acht: in Verena Müllers Büro
14 Uhr: in Herberts Wohnung
kurz nach halb sechs: auf dem Weg vom Polizeipräsidium
                   zum Bürohaus am Arabellapark
kurz nach zehn Uhr: in seiner Wohnung

D *Beispiele:*

Heinz —Mitbewohner→ Ursula   Ursula —liebt→ Herbert
Eddi —Mitbewohner→ Ursula   C. T. —ist verliebt in→ Ursula
C. T. —findet sympathisch→ Eddi   V. Müller —Chefin→ C. T.
Frau Köberlein —Kundin→ V. Müller
Frau Köberlein —Frau→ Herr Köberlein
Carsten Tsara —soll beobachten→ Herrn Köberlein
Carsten Tsara —Freund→ Andreas Gastl